寫經

참회와 발원
삼매에 드는
수행

신묘장구대다라니

담앤북스

사경의 의의

사경이란 부처님의 가르침이 담긴 경전과 다라니 등을 옮겨 쓰거나 베껴 쓰는 일을 말합니다.

신심을 증장시키고 참회와 발원 삼매에 이르는 수행적 방편과 선망 부모의 명복을 기원하며 나라의 안녕을 위한 발원으로 사경한 내용을 불상, 탑 등을 모실 때 사리 및 장엄구 등과 함께 봉안하여 부처님의 가르침이 후대에 끊어지지 않도록 전한다는 의미가 있습니다.

가정에서의 사경 방법 (개인에 따라 달리해도 무방함)

- 몸을 정결히 하여 사경 내용에 뜻을 일치시킵니다.
- 합장한 채로 경건한 마음으로 사경할 부분을 독송합니다.
- 일념으로 옮겨 쓰거나 베껴 씁니다.
- 일념으로 사경을 마친 후 옮겨 쓴 경을 독송합니다.
- 환희에 가득 찬 마음으로 모든 생명 가진 존재들을 위하여
  발원합니다. (본인에 맞게)
- 완성된 사경은 인연 있는 분들에게 선물하거나,
  부처님 전에 올려도 됩니다.

개경게 (開經偈 경전을 여는 게송)

무상심심미묘법
無上甚深微妙法

백천만겁난조우
百千萬劫難遭遇

아금문견득수지
我今聞見得受持

원해여래진실의
願解如來眞實義

높고 깊은 미묘한 법

오랜 세월에 만날손가

제가 이제 보고 듣고 지니오니

원하옵건대 여래의 진실한 뜻 알아지이다.

사경의 공덕

- 이 경을 수지 독송하고 해설하고 쓰면 커다란 원을 성취한다.

  – 법화경 법사품 중에서 –

- 경을 수지 독송 해설하고 쓴 공덕으로 이미 위없는 깨달음에 가까워 도의 나무 아래 앉은 것과 같으니라.

- 한량없이 얻은 공덕 빈 허공과 같나니 가이없이 많은 복이런 줄 알지니라.

  – 법화경 법사공덕품 중에서 –

- 수지 독송 해설하고 옮겨 쓴 선남자 선여인은 부모소생의 청정한 육안으로 삼천대천세계의 안팎에 있는 산, 숲, 강, 바다를 보되 아래로는 아비지옥과 위로는 유정천까지 이르며 또한 그 가운데 일체 중생을 다 보고 아울러 업의 인연과 과보로 나는 곳을 다 보아 알리라. – 법화경 법사공덕품 중에서 –

- 수지 독송하거나 옮겨 쓰면 석가모니불을 만나 뵙고 그로부터 직접 경전을 들은 것과 같으리라. 세속의 오욕락에 탐착하지 아니하여 마음과 뜻이 정직하여 바르게 생각하고 복덕이 있어 삼독의 시달림 당하지 아니하며 질투, 아만, 삿된 증상만의 괴롭힘을 당하지 아니하며 이런 사람은 욕심이 적고 만족할 줄 알아 능히 보현행을 닦으리라. – 법화경 보현보살권발품 중에서 –

- 오랜 세월 동안 보시한 공덕보다도 서사 수지 독송하여 다른 이를 위해 해설한 공덕이 더욱 수승하다. – 금강경 지경공덕분 중에서 –

신묘장구대다라니

나모라 다나다라 야야 나막알약 바로기제 새바라야 모지 사다바야 마하 사다바야 마하가로 니가야 옴 살바 바예수 다라나 가라야 다사 명 나막가리 다바 이맘 알야 바로기제 새바라다바 니라간타 나막 하리나야 마발다 이사미 살발타 사다남 수반 아예염 살바 보다남 바바 마라 미수다감 다냐타 옴 아로계 아로가 마지로가 지가란제 혜혜하례 마하모지 사다바 사마라 사마라 하리나야 구로구로 갈마 사다야 사다 야 도로도로 미연제 마하 미연제 다라다라 다린나례 새바라 자라자라 마라 미마라 아마라 몰제 예혜혜 로계 새바라 라아 미사미 나사야 나베 사미사미 나사야 모하자라 미사미 나사야 호로호로 마라호로 하례바나마 나바 사라사라 시리시리 소로소로 못자 못자 모다야 모다 야 매다리야 니라간타 가마사 날사남 바라 하리나야 마낙 사바하 싯 다야 사바하 마하 싯다야 사바하 싯다유예 새바라야 사바하 니라간 타야 사바하 바라하 목카싱하 목카야 사바하 바나마 하따야 사바하 자가라 욕다야 사바하 상카섭나녜 모다나야 사바하 마하라 구타다라 야 사바하 바마사간타 이사 시체다 가릿나 이나야 사바하 먀가라 잘 마 이바 사나야 사바하
『나모라 다나다라 야야 나막 알야 바로기제 새바라야 사바하 』(세번)

신묘장구대다라니

나모라 다나다라 야야 나막알약 바로기제 새바라야 모지 사다바야 마하 사다바야 마하가로 니가야 옴 살바 바예수 다라나 가라야 다사명 나막 가리다바 이맘 알야 바로기제 새바라 다바 니라간타 나막 하리나야 마발다 이사미 살발타 사다남 수반 아예염 살바 보다남 바바마라 미수다감 다냐타 옴 아로계 아로 가 마지로가 지가란제 혜혜하례 마하모지 사다바 사마라 사마라 하리나야 구로구로 갈마 사다야 사다야 도로도로 미연제 마하미연제 다라다라 다린나례 새바라 자라자라 마라 미마라 아마라 몰제 예혜혜 로계새 바라 라아 미사미 나사야 나베 사미사미 나사야 모하자라 미

사	미			나	사	야			호	로	호	로			마	라	호	로
하	례	바	나	마			나	바		사	라	사	라			시	리	
시	리		소	로	소	로			못	자	못	자			모	다	야	
		모	다	야		매	다	리	야			니	라	간	타		가	
마	사		날	사	남		바	리			하	리	나	야			마	
낙		사	바	하		싯	다	야		사	바	하				마	하	
싯	다	야			사	바	하		싯	다	유	예			새	바	라	
야		사	바	하			니	라	간	타	야			사	바	하		
바	라	하		목	카	싱	하		목	카	야				사	바	하	
	바	나	마		하	따	야			사	바	하			자	가	라	
	욕	다	야		사	바	하		상	카	섭	나	녜				모	
다	나	야		사	바	하			마	하	라		구	라	다	리		
야		사	바	하		바	마	사	간	타			이	사		시	
체	다		가	릿	나		이	나	야		사	바	하			먀	
가	라		잘	마		이	바		사	나	야			사	바	하	
	나	모	라			다	나	다	라		야	야			나	막	
알	야		바	로	기	제		새	바	라	야			사	바	하	
	나	모	라			다	나	다	라		야	야			나	막	
알	야		바	로	기	제		새	바	라	야			사	바	하	
	나	모	라			다	나	다	라		야	야			나	막	
알	야		바	로	기	제		새	바	라	야			사	바	하	

사경일자 : 　년　월　일

신묘장구대다라니

나모라 다나다라 야야 나막알약 바로기제 새바라야 모지 사다바야 마하 사다바야 마하가로 니가야 옴 살바 바예수 다라나 가라야 다사명 나막 가리다바 이맘 알야 바로기제 새바라 다바 니라간타 나막 하리나야 마발다 이사미 살발타 사다남 수반 아예염 살바 보다남 바바마라 미수다감 다냐타 옴 아로계 아로 가 마지로가 지가란제 혜혜하례 마하모지 사다바 사마라 사마라 하리나야 구로구로 갈마 사다야 사다야 도로도로 미연제 마하 미연제 다라다라 다린나례 새바라 자라자라 마라 미마라 아마라 몰제 예혜혜 로계 새바라 라아 미사미 나사야 나베 사미사미 나사야 모하자라 미

사미 나사야 호로호로 마라호로
하례바나마 나바 사라사라 시리
시리 소로소로 못자못자 모다야
　모다야 매다리야 　니라간타 가
마사 날사남 바라 하리나야 마
낙 사바하 싯다야 사바하 마하
싯다야 사바하 싯다유예 새바라
야 사바하 니라간타야 사바하
바라하 목카싱하 목카야 사바하
　바나마 하따야 사바하 자가라
　욕다야 사바하 상카섭나네 모
다나야 사바하 마하라 구타다라
야 사바하 바마사간타 이사시
체다 가릿나 이나야 사바하 먀
가라 잘마 이바 사나야 사바하
　나모라 다나다라 야야 나막
알야 바로기제 새바라야 사바하
　나모라 다나다라 야야 나막
알야 바로기제 새바라야 사바하
　나모라 다나다라 야야 나막
알야 바로기제 새바라야 사바하

사경일자 :　　년　월　일

신묘장구대다라니

나	모	라		다	나	다	라		야	야		나	막	알	약
바	로	기	제		새	바	라	야		모	지		사	다	바
야		마	하		사	다	바	야		마	하	가	로		니
가	야		옴		살	바		바	예	수		다	라	나	
가	라	야		다	사	명		나	막	가	리		다	바	
이	맘		알	야		바	로	기	제		새	바	라	다	바
니	라	간	타		나	막		하	리	나	야		마	발	다
이	사	미		살	발	타		사	다	남		수	반		아
예	염		살	바		보	다	남		바	바	마	라		미
수	다	감		다	냐	타		옴		아	로	계		아	로
가		마	지	로	가		지	가	란	제		혜	혜	하	례
	마	하	모	지		사	다	바		사	마	라		사	마
라		하	리	나	야		구	로	구	로		갈	마		사
다	야		사	다	야		도	로	도	로		미	연	제	
마	하		미	연	제		다	라	다	라		다	린	나	례
	새	바	라		자	라	자	라		마	라		미	마	라
	아	마	라		몰	제		예	혜	혜		로	계		새
바	라		라	아		미	사	미		나	사	야		나	베
	사	미	사	미		나	사	야		모	하	자	라		미

사미 나사야 호로호로 마라호로
하례바나마 나바 사라사라 시리
시리 소로소로 못자못자 모다야
모다야 매다리야 니라간타 가
마사 날사남 바라 하리나야 마
낙 사바하 싯다야 사바하 마하
싯다야 사바하 싯다유예 새바라
야 사바하 니라간타야 사바하
바라하 목카싱하 목카야 사바하
바나마 하따야 사바하 자가라
욕다야 사바하 상카섭나네 모
다나야 사바하 마하라 구타다라
야 사바하 바마사간타 이사시
체다 가릿나 이나야 사바하 먀
가라 잘마 이바 사나야 사바하
나모라 다나다라 야야 나막
알야 바로기제 새바라야 사바하
나모라 다나다라 야야 나막
알야 바로기제 새바라야 사바하
나모라 다나다라 야야 나막
알야 바로기제 새바라야 사바하

사경일자 :　　　년　월　일

신묘장구대다라니

나	모	라		다	니	다	라		야	야			나	막	알	약
바	로	기	제		새	바	라	야		모	지		사	다	바	
야		마	하		사	다	바	야		마	하	가	로		니	
가	야		옴		살	바		바	예	수		다	라	나		
가	라	야		다	사	명		나	막	가	리		다	바		
이	맘		알	야		바	로	기	제		새	바	라	다		바
니	라	간	타		나	막		하	리	나	야		마	발	다	
이	사	미		살	발	타		사	다	남		수	반		아	
예	염		살	바		보	다	남		바	바	마	라		미	
수	다	감		다	냐	타		옴		아	로	계		아	로	
가		마	지	로	가		지	가	란	제		혜	혜	하	례	
	마	하	모	지		사	다	바		사	마	라		사	마	
라		하	리	나	야		구	로	구	로		갈	마		사	
다	야		사	다	야		도	로	도	로		미	연	제		
마	하		미	연	제		다	라	다	라		다	린	나	례	
	새	바	라		자	라	자	라		마	라		미	마	라	
	아	마	라		몰	제		예	혜	혜		로	계		새	
바	라		라	아		미	사	미		나	사	야		나	베	
	사	미	사	미		나	사	야			모	하	자	라		미

사미   나 사야   호 로 호 로   마 라 호 로
하례바나마   나바   사라사라   시리
시리   소로소로   못자못자   모다야
    모다야   매다리야   니라간타   가
마사   날사남   바리   하리나야   마
낙   사바하   싯다야   사바하   마하
싯다야   사바하   싯다유예   새바라
야   사바하   니라간타야   사바하
바라하   목카싱하   목카야   사바하
    바나마   하따야   사바하   자가라
    욕다야   사바하   상카섭나녜   모
다나야   사바하   마하라   구타다라
야   사바하   바마사간타   이사시
체다   가릿나   이나야   사바하   먀
가리   잘마   이바   사나야   사바하
    나모라   다나다라   야야   나막
알야   바로기제   새바라야   사바하
    나모라   다나다라   야야   나막
알야   바로기제   새바라야   사바하
    나모라   다나다라   야야   나막
알야   바로기제   새바라야   사바하

사경일자 :   년   월   일

신묘장구대다라니

나	모	라		다	나	다	라		야	야		나	막	알	약
바	로	기	제		새	바	라	야		모	지		사	다	바
야		마	하		사	다	바	야		마	하	가	로		니
가	야		옴		살	바		바	예	수		다	라	나	
가	라	야		다	사	명		나	막	가	리		다	바	
이	맘		알	야		바	로	기	제		새	바	라	다	바
니	라	간	타		나	막		하	리	나	야		마	발	다
이	사	미		살	발	타		사	다	남		수	반		아
예	염		살	바		보	다	남		바	바	마	라		미
수	다	감		다	냐	타		옴		아	로	계		아	로
가		마	지	로	가		지	가	란	제		혜	혜	하	례
	마	하	모	지		사	다	바		사	마	라		사	마
라		하	리	나	야		구	로	구	로		갈	마		사
다	야		사	다	야		도	로	도	로		미	연	제	
마	하		미	연	제		다	라	다	라		다	린	나	례
	새	바	라		자	라	자	라		마	라		미	마	라
	아	마	라		몰	제		예	혜	혜		로	계		새
바	라		라	아		미	사	미		나	사	야		나	베
	사	미	사	미		나	사	야		모	하	자	라		미

사	미		나	사	야		호	로	호	로		마	라	호	로
하	례	바	나	마		나	바		사	라	사	라		시	리
시	리		소	로	소	로		못	자	못	자		모	다	야
	모	다	야		매	다	리	야			니	라	간	타	가
마	사		날	사	남		바	라		하	리	나	야		마
낙		사	바	하		싯	다	야		사	바	하		마	하
싯	다	야		사	바	하		싯	다	유	예		새	바	라
야		사	바	하		니	라	간	타	야		사	바	하	
바	라	하		목	카	싱	하		목	카	야		사	바	하
	바	나	마		하	따	야		사	바	하		자	가	라
	욕	다	야		사	바	하		상	카	섭	나	네		모
다	나	야		사	바	하		마	하	라		구	타	다	라
야		사	바	하		바	마	사	간	타		이	사		시
체	다		가	릿	나		이	나	야		사	바	하		먀
가	라		잘	마		이	바		사	나	야		사	바	하
	나	모	라		다	나	다	라		야	야		나	막	
알	야		바	로	기	제		새	바	라	야		사	바	하
	나	모	라		다	나	다	라		야	야		나	막	
알	야		바	로	기	제		새	바	라	야		사	바	하
	나	모	라		다	나	다	라		야	야		나	막	
알	야		바	로	기	제		새	바	라	야		사	바	하

사경일자 :　　　년　월　일

신묘장구대다라니

나	모	라		다	나	다	라		야	야		나	막	알	약
바	로	기	제		새	바	라	야		모	지		사	다	바
야		마	하		사	다	바	야		마	하	가	로		니
가	야		옴		살	바		바	예	수		다	라	나	
가	라	야		다	사	명		나	막	가	리		다	바	
이	맘		알	야		바	로	기	제		새	바	라	다	바
니	라	간	타		나	막		하	리	나	야		마	발	다
이	사	미		살	발	타		사	다	남		수	반		아
예	염		살	바		보	다	남		바	바	마	라		미
수	다	감		다	냐	타		옴		아	로	계		아	로
가		마	지	로	가		지	가	란	제		혜	혜	하	례
	마	하	모	지		사	다	바		사	마	라		사	마
라		하	리	나	야		구	로	구	로		갈	마		사
다	야		사	다	야		도	로	도	로		미	연	제	
마	하		미	연	제		다	라	다	라		다	린	나	례
	새	바	라		자	라	자	라		마	라		미	마	라
	아	마	라		몰	제		예	혜	혜		로	계		새
바	라		라	아		미	사	미		나	사	야		나	베
	사	미	사	미		나	사	야		모	하	자	라		미

사	미		나	사	야		호	로	호	로		마	라	호	로
하	레	바	나	마		나	바		사	라	사	라		시	리
시	리		소	로	소	로		못	자	못	자		모	다	야
	모	다	야		매	다	리	야		니	라	간	타		가
마	사		날	사	남		바	라		하	리	나	야		마
낙		사	바	하		싯	다	야		사	바	하		마	하
싯	다	야		사	바	하		싯	다	유	예		새	바	라
야		사	바	하		니	라	간	타	야		사	바	하	
바	라	하		목	카	싱	하		목	카	야		사	바	하
	바	나	마		하	따	야		사	바	하		자	가	라
	욕	다	야		사	바	하		상	카	섭	나	녜		모
다	나	야		사	바	하		마	하	라		구	타	다	라
야		사	바	하		바	마	사	간	타		이	사		시
체	다		가	릿	나		이	나	야		사	바	하		먀
가	라		잘	마		이	바		사	나	야		사	바	하
	나	모	라		다	나	다	라		야	야		나	막	
알	야		바	로	기	제		새	바	라	야		사	바	하
	나	모	라		다	나	다	라		야	야		나	막	
알	야		바	로	기	제		새	바	라	야		사	바	하
	나	모	라		다	나	다	라		야	야		나	막	
알	야		바	로	기	제		새	바	라	야		사	바	하

사경일자 :   년   월   일

신묘장구대다라니

나	모	라		다	니	다	라		야	야		나	막	알	약
바	로	기	제		새	바	라	야		모	지		사	다	바
야		마	하		사	다	바	야		마	하	가	로		니
가	야		옴		살	바		바	예	수		다	라	나	
가	라	야		다	사	명		나	막	가	리		다	바	
이	맘		알	야		바	로	기	제		새	바	라	다	바
니	라	간	타		나	막		하	리	나	야		마	발	다
이	사	미		살	발	타		사	다	남		수	반		아
예	염		살	바		보	다	남		바	바	마 라		미
수	다	감		다	냐	타		옴		아	로	계		아	로
가		마	지	로	가		지	가	란	제		혜	혜	하	례
	마	하	모	지		사	다	바		사	마	라		사	마
라		하	리	나	야		구	로	구	로		갈	마		사
다	야		사	다	야		도	로	도	로		미	연	제	
마	하		미	연	제		다	라	다	라		다	린	나	례
	새	바	라		자	라	자	라		마	라		미	마	라
	아	마	라		몰	제		예	혜	혜		로	계		새
바	라		라	아		미	사	미		나	사	야		나	베
	사	미	사	미		나	사	야		모	하	자	라		미

사미 나사야 호로호로 마라호로
하례바나마 나바 사라사라 시리
시리 소로소로 못자못자 모다야
 모다야 매다리야 니라간타 가
마사 날사남 바라 하리나야 마
낙 사바하 싯다야 사바하 마하
싯다야 사바하 싯다유예 새바라
야 사바하 니라간타야 사바하
바라하 목카싱하 목카야 사바하
 바나마 하따야 사바하 자가라
 욕다야 사바하 상카섭나녜 모
다나야 사바하 마하라 구라다라
야 사바하 바마사간타 이사시
체다 가릿나 이나야 사바하 먀
가라 잘마 이바 사나야 사바하
 나모라 다나다라 야야 나막
알야 바로기제 새바라야 사바하
 나모라 다나다라 야야 나막
알야 바로기제 새바라야 사바하
 나모라 다나다라 야야 나막
알야 바로기제 새바라야 사바하

사경일자: 년   월   일

신묘장구대다라니

나모라 다나다라 야야 나막알약 바로기제 새바라야 모지 사다바야 마하 사다바야 마하가로 니가야 옴 살바 바예수 다라나 가라야 다사명 나막 가리다바 이맘 알야 바로기제 새바라 다바 니라간타 나막 하리나야 마발다 이사미 살발타 사다남 수반 아예염 살바 보다남 바바마라 미수다감 다냐타 옴 아로계 아로 가 마지로가 지가란제 혜혜하례 마하모지 사다바 사마라 사마라 하리나야 구로구로 갈마 사다야 사다야 도로도로 미연제 마하미연제 다라다라 다린나례 새바라 자라자라 마라 미마라 아마라 몰제 예혜혜 로계 새바라 라아 미사미 나사야 나베 사미사미 나사야 모하자라 미

사	미		나	사	야		호	로	호	로		마	라	호	로
하	례	바	나	마		나	바		사	라	사	라		시	리
시	리		소	로	소	로		못	자	못	자		모	다	야
	모	다	야		매	다	리	야		니	라	간	타		가
마	사		날	사	남		바	라		하	리	나	야		마
낙		사	바	하		싯	다	야		사	바	하		마	하
싯	다	야		사	바	하		싯	다	유	예		새	바	라
야		사	바	하		니	라	간	타	야		사	바	하	
바	라	하		목	카	싱	하		목	카	야		사	바	하
	바	나	마		하	따	야		사	바	하		자	가	라
	욕	다	야		사	바	하		상	카	섭	나	녜		모
다	나	야		사	바	하		마	하	라		구	타	다	라
야		사	바	하		바	마	사	간	타		이	사		시
체	다		가	릿	나		이	나	야		사	바	하		먀
가	라		잘	마		이	바		사	나	야		사	바	하
	나	모	라		다	나	다	라		야	야		나	막	
알	야		바	로	기	제		새	바	라	야		사	바	하
	나	모	라		다	나	다	라		야	야		나	막	
알	야		바	로	기	제		새	바	라	야		사	바	하
	나	모	라		다	나	다	라		야	야		나	막	
알	야		바	로	기	제		새	바	라	야		사	바	하

사경일자 :　　　　년　　월　　일

신묘장구대다라니

나	모	라		다	나	다	라		야	야		나	막	알	약
바	로	기	제		새	바	라	야		모	지		사	다	바
야		마	하		사	다	바	야		마	하		가	로	니
가	야		옴		살	바		바	예	수		다	라	나	
가	라	야		다	사	명		나	막	가	리		다	바	
이	맘		알	야		바	로	기	제		새	바	라	다	바
니	라	간	타		나	막		하	리	나	야		마	발	다
이	사	미		살	발	타		사	다	남		수	반		아
예	염		살	바		보	다	남		바	바	마	라		미
수	다	감		다	냐	타		옴		아	로	계		아	로
가		마	지	로	가		지	가	란	제		혜	혜	하	례
	마	하	모	지		사	다	바		사	마	라		사	마
라		하	리	나	야		구	로	구	로		갈	마		사
다	야		사	다	야		도	로	도	로		미	연	제	
마	하		미	연	제		다	라	다	라		다	린	나	례
	새	바	라		자	라	자	라		마	라		미	마	라
	아	마	라		몰	제		예	혜	혜		로	계		새
바	라		라	아		미	사	미		나	사	야		나	베
	사	미	사	미		나	사	야		모	하	자	라		미

사미 나사야 호로호로 마라호로
하례바나마 나바 사라사라 시리
시리 소로소로 못자못자 모다야
 모다야 매다리야 니라간타 가
마사 날사남 바라 하리나야 마
낙 사바하 싯다야 사바하 마하
싯다야 사바하 싯다유예 새바라
야 사바하 니라간타야 사바하
바라하 목카싱하 목카야 사바하
 바나마 하따야 사바하 자가라
 욕다야 사바하 상카섭나녜 모
다나야 사바하 마하라 구라다리
야 사바하 바마사간타 이사시
체다 가릿나 이나야 사바하 먀
가라 잘마 이바 사나야 사바하
 나모라 다나다라 야야 나막
알야 바로기제 새바라야 사바하
 나모라 다나다라 야야 나막
알야 바로기제 새바라야 사바하
 나모라 다나다라 야야 나막
알야 바로기제 새바라야 사바하

사경일자 :   년   월   일

신묘장구대다라니

사미 나사야 호로호로 마라호로
하례바나마 나바 사라사라 시리
시리 소로소로 못자못자 모다 야
모다야 매다리야 니라간타 가
마사 날사남 바라 하리나야 마
낙 사바하 싯다야 사바하 마하
싯다야 사바하 싯다유예 새바라
야 사바하 니라간타야 사바하
바라하 목카싱하 목카야 사바하
바나마 하따야 사바하 자가라
욕다야 사바하 상카섭나네 모
다나야 사바하 마하라 구타다라
야 사바하 바마사간타 이사 시
체다 가릿나 이나야 사바하 먀
가라 잘마 이바 사나야 사바하
나모라 다나다라 야야 나막
알야 바로기제 새바라야 사바하
나모라 다나다라 야야 나막
알야 바로기제 새바라야 사바하
나모라 다나다라 야야 나막
알야 바로기제 새바라야 사바하

사경일자 :　　　년　월　일

신묘장구대다라니

나	모	라		다	나	다	라		야	야		나	막	알	약
바	로	기	제		새	바	라	야		모	지		사	다	바
야		마	하		사	다	바	야		마	하	가	로		니
가	야		옴		살	바		바	예	수		다	라	니	
가	라	야		다	사	명		나	막	가	리		다	바	
이	맘		알	야		바	로	기	제		새	바	라	다	바
니	라	간	타		나	막		하	리	나	야		마	발	다
이	사	미		살	발	타		사	다	남		수	반		아
예	염		살	바		보	다	남		바	바	마	라		미
수	다	감		다	냐	타		옴		아	로	계		아	로
가		마	지	로	가		지	가	란	제		혜	혜	하	례
	마	하	모	지		사	다	바		사	마	라		사	마
라		하	리	나	야		구	로	구	로		갈	마		사
다	야		사	다	야		도	로	도	로		미	연	제	
마	하		미	연	제		다	라	다	라		다	린	나	례
	새	바	라		자	라	자	라		마	라		미	마	리
	아	마	라		몰	제		예	혜	혜		로	계		새
바	라		라	아		미	사	미		나	사	야		나	베
	사	미	사	미		나	사	야		모	하	자	라		미

사미 나사야 호로호로 마라호로
하례바나마 나바 사라사라 시리
시리 소로소로 못자못자 모다야
모다야 매다리야 니라간타 가
마사 날사남 바라 하리나야 마
낙 사바하 싯다야 사바하 마하
싯다야 사바하 싯다유예 새바라
야 사바하 니라간타야 사바하
바라하 목카싱하 목카야 사바하
바나마 하따야 사바하 자가라
욕다야 사바하 상카섭나네 모
다나야 사바하 마하라 구타다라
야 사바하 바마사간타 이사시
체다 가릿나 이나야 사바하 먀
가라 잘마 이바 사나야 사바하
나모라 다나다라 야야 나막
알야 바로기제 새바라야 사바하
나모라 다나다라 야야 나막
알야 바로기제 새바라야 사바하
나모라 다나다라 야야 나막
알야 바로기제 새바라야 사바하

사경일자 :　　　　년　월　일

신묘장구대다라니

```
나 모 라    다 나 다 라    야 야    나 막 알 약
바 로 기 제    새 바 라 야    모 지    사 다 바
야    마 하    사 다 바 야    마 하 가 로    니
가 야    옴    살 바    바 예 수    다 라    니
가 라 야    다 사 명    나 막 가 리    다 바
이 맘    알 야    바 로 기 제    새 바 라 다 바
니 라 간 타    나 막    하 리 나 야    마 발 다
이 사 미    살 발 타    사 다 남    수 반    아
예 염    살 바    보 다 남    바 바 마 라    미
수 다 감    다 나 타    옴    아 로 계    아 로
가    마 지 로 가    지 가 란 제    혜 혜 하 례
   마 하 모 지    사 다 바    사 마 라    사 마
라    하 리 나 야    구 로 구 로    갈 마    사
다 야    사 다 야    도 로 도 로    미 연 제
마 하    미 연 제    다 리 다 리    다 린 나 례
   새 바 라    자 라 자 라    마 라    미 마 리
   아 마 라    몰 제    예 혜 혜    로 계    새
바 라    라 아    미 사 미    나 사 야    나 베
   사 미 사 미    나 사 야    모 하 자 라    미
```

사미 나사야 호로호로 마라호로
하례바나마 나바 사라사라 시리
시리 소로소로 못자못자 모다야
모다야 매다리야 니라간타 가
마사 날사남 바라 하리나야 마
낙 사바하 싯다야 사바하 마하
싯다야 사바하 싯다유예 새바라
야 사바하 니라간타야 사바하
바라하 목카싱하 목카야 사바하
바나마 하따야 사바하 자가라
욕다야 사바하 상카섭나네 모
다나야 사바하 마하라 구타다라
야 사바하 바마사간타 이사시
체다 가릿나 이나야 사바하 먀
가라 잘마 이바 사나야 사바하
나모라 다나다라 야야 나막
알야 바로기제 새바라야 사바하
나모라 다나다라 야야 나막
알야 바로기제 새바라야 사바하
나모라 다나다라 야야 나막
알야 바로기제 새바라야 사바하

사경일자: 년   월   일

신묘장구대다라니

나모라 다나다라 야야 나막알약
바로기제 새바라야 모지 사다바
야 마하 사다바야 마하가로 니
가야 옴 살바 바예수 다라니
가라야 다사명 나막가리 다바
이맘 알야 바로기제 새바라다 바
니라간타 나막 하리나야 마발다
이사미 살발타 사다남 수반 아
예염 살바 보다남 바바마라 미
수다감 다냐타 옴 아로계 아로
가 마지로가 지가란제 혜혜하례
 마하모지 사다바 사마라 사마
라 하리나야 구로구로 갈마 사
다야 사다야 도로도로 미연제
마하 미연제 다라다라 다린나례
 새바라 자라자라 마라 미마라
 아마라 몰제 예혜혜 로계 새
바라 라아 미사미 나사야 나베
 사미사미 나사야 모하자라 미

사	미		나	사	야		호	로	호	로		마	라	호	로
하	례	바	나	마		나	바		사	라	사	라		시	리
시	리		소	로	소	로		못	자	못	자		모	다	야
	모	다	야		매	다	리	야		니	라	간	타		가
마	사		날	사	남		바	라		하	리	나	야		마
낙		사	바	하		싯	다	야		사	바	하		마	하
싯	다	야		사	바	하		싯	다	유	예		새	바	라
야		사	바	하		니	라	간	타	야		사	바	하	
바	라	하		목	카	싱	하		목	카	야		사	바	하
	바	나	마		하	따	야		사	바	하		자	가	라
	욕	다	야		사	바	하		상	카	섭	나	녜		모
다	나	야		사	바	하		마	하	라		구	타	다	라
야		사	바	하		바	마	사	간	타		이	사		시
체	다		가	릿	나		이	나	야		사	바	하		먀
가	라		잘	마		이	바		사	나	야		사	바	하
	나	모	라		다	나	다	라		야	야		나	막	
알	야		바	로	기	제		새	바	라	야		사	바	하
	나	모	라		다	나	다	라		야	야		나	막	
알	야		바	로	기	제		새	바	라	야		사	바	하
	나	모	라		다	나	다	라		야	야		나	막	
알	야		바	로	기	제		새	바	라	야		사	바	하

사경일자 :　　　년　월　일

신묘장구대다라니

사미 나사야 호로호로 마라호로
하례바나마 나바 사라사라 시리
시리 소로소로 못자못자 모다야
모다야 매다리야 니라간타 가
마사 날사남 바라 하리나야 마
낙 사바하 싯다야 사바하 마하
싯다야 사바하 싯다유예 새바라
야 사바하 니라간타야 사바하
바라하 목카싱하 목카야 사바하
바나마 하따야 사바하 자가라
욕다야 사바하 상카섭나녜 모
다나야 사바하 마하라 구타다라
야 사바하 바마사간타 이사시
체다 가릿나 이나야 사바하 먀
가라 잘마 이바 사나야 사바하
나모라 다나다라 야야 나막
알야 바로기제 새바라야 사바하
나모라 다나다라 야야 나막
알야 바로기제 새바라야 사바하
나모라 다나다라 야야 나막
알야 바로기제 새바라야 사바하

사경일자 :　　　년　월　일

신 묘 장 구 대 다 라 니

나모라 다나다라 야야 나막알약
바로기제 새바라야 모지 사다바
야 마하 사다바야 마하가로 니
가야 옴 살바 바예수 다라나
가라야 다사명 나막 가리 다바
이맘 알야 바로기제 새바라다바
니라간타 나막 하리나야 마발다
이사미 살발타 사다남 수반 아
예염 살바 보다남 바바마라 미
수다감 다냐타 옴 아로계 아로
가 마지로가 지가란제 혜혜하례
　마하모지 사다바 사마라 사마
라 하리나야 구로구로 갈마 사
다야 사다야 도로도로 미연제
마하 미연제 다라다라 다린나례
　새바라 자라자라 마라 미마라
　아마라 몰제 예혜혜 로계 새
바라 라아 미사미 나사야 나베
　사미사미 나사야 모하자라 미

사	미		나	사	야		호	로	호	로		마	라	호	로
하	례	바	나	마		나	바		사	라	사	라		시	리
시	리		소	로	소	로		못	자	못	자		모	다	야
	모	다	야		매	다	리	야		니	라	간	타		가
마	사		날	사	남		바	라		하	리	나	야		마
낙		사	바	하		싯	다	야		사	바	하		마	하
싯	다	야		사	바	하		싯	다	유	예		새	바	라
야		사	바	하		니	라	간	타	야		사	바	하	
바	라	하		목	카	싱	하		목	카	야		사	바	하
	바	나	마		하	따	야		사	바	하		자	가	라
	욕	다	야		사	바	하		상	카	섭	나	네		모
다	나	야		사	바	하		마	하	리		구	리	다	리
야		사	바	하		바	마	사	간	타		이	사		시
체	다		가	릿	나		이	나	야		사	바	하		먀
가	라		잘	마		이	바		사	나	야		사	바	하
	나	모	라		다	나	다	라		야	야		나	막	
알	야		바	로	기	제		새	바	라	야		사	바	하
	나	모	라		다	나	다	라		야	야		나	막	
알	야		바	로	기	제		새	바	라	야		사	바	하
	나	모	라		다	나	다	라		야	야		나	막	
알	야		바	로	기	제		새	바	라	야		사	바	하

사경일자 :　　　　년　월　일

신묘장구대다라니

나모라 다나다라 야야 나막알약 바로기제 새바라야 모지 사다바야 마하 사다바야 마하가로 니가야 옴 살바 바예수 다라나 가라야 다사명 나막 까리다바 이맘 알야 바로기제 새바라 다바 니라간타 나막 하리나야 마발다 이사미 살발타 사다남 수반 아예염 살바 보다남 바바말아 미수다감 다냐타 옴 아로계 아로가 마지로가 지가란제 혜혜하례 마하모지 사다바 사마라 사마라 하리나야 구로구로 갈마 사다야 사다야 도로도로 미연제 마하미연제 다라다라 다린나례 새바라 자라자라 마라미마라 아마라 몰제 예혜혜 로계 새바라 라아 미사미 나사야 나베사미사미 나사야 모하자라 미사미 나사야

사미 나사야 호로호로 마라호로
하례바나마 나바 사라사라 시리
시리 소로소로 못자못자 모다야
모다야 매다리야 니라간타 가
마사 날사남 바라 하리나야 마
낙 사바하 싯다야 사바하 마하
싯다야 사바하 싯다유예 새바라
야 사바하 니라간타야 사바하
바라하 목카싱하 목카야 사바하
바나마 하따야 사바하 자가라
욕다야 사바하 상카섭나네 모
다나야 사바하 마하라 구타다라
야 사바하 바마사간타 이사 시
체다 가릿나 이나야 사바하 먀
가라 잘마 이바 사나야 사바하
나모라 다나다라 야야 나막
알야 바로기제 새바라야 사바하
나모라 다나다라 야야 나막
알야 바로기제 새바라야 사바하
나모라 다나다라 야야 나막
알야 바로기제 새바라야 사바하

사경일자 : 　　　년　월　일

신묘장구대다라니

나모라 다나다라 야야 나막알약 바로기제 새바라야 모지 사다바야 마하 사다바야 마하가로 니가야 옴 살바 바예수 다라나 가라야 다사명 나막 가리다바 이맘 알야 바로기제 새바라 다바 니라간타 나막 하리나야 마발다 이사미 살발타 사다남 수반 아예염 살바 보다남 바바마라 미수다감 다냐타 옴 아로계 아로가 마지로가 지가란제 혜혜하례 마하모지 사다바 사마라 사마라 하리나야 구로구로 갈마 사다야 사다야 도로도로 미연제 마하미연제 다라다라 다린나례 새바라 자라자라 마라 미마라 아마라 몰제 예혜혜 로계새바라 라아 미사미 나사야 나베사미사미 나사야 모하자라 미

사 미   나 사 야   호 로 호 로   마 라 호 로
하 레 바 나 마   나 바   사 라 사 라   시 리
시 리   소 로 소 로   못 자 못 자   모 다 야
      모 다 야   매 다 리 야   니 라 간 타   가
마 사   날 사 남   바 라   하 리 나 야   마
낙   사 바 하   싯 다 야   사 바 하   마 하
싯 다 야   사 바 하   싯 다 유 예   새 바 라
야   사 바 하   니 라 간 타 야   사 바 하
바 라 하   목 카 싱 하   목 카 야   사 바 하
      바 나 마   하 따 야   사 바 하   자 가 라
      욕 다 야   사 바 하   상 카 섭 나 녜   모
다 나 야   사 바 하   마 하 라   구 타 다 라
야   사 바 하   바 마 사 간 타   이 사 시
체 다   가 릿 나   이 나 야   사 바 하   먀
가 라   잘 마   이 바   사 나 야   사 바 하
      나 모 라   다 나 다 라   야 야   나 막
알 야   바 로 기 제   새 바 라 야   사 바 하
      나 모 라   다 나 다 라   야 야   나 막
알 야   바 로 기 제   새 바 라 야   사 바 하
      나 모 라   다 나 다 라   야 야   나 막
알 야   바 로 기 제   새 바 라 야   사 바 하

사경일자 :   년   월   일

신묘장구대다라니

나모라 다나다라 야야 나막알약
바로기제 새바라야 모지 사다바야
마하 사다바야 마하가로 니
가야 옴 살바 바예수 다라나
가라야 다사명 나막 가리다바
이맘 알야 바로기제 새바라다바
니라간타 나막 하리나야 마발다
이사미 살발타 사다남 수반 아
예염 살바 보다남 바바마라 미
수다감 다냐타 옴 아로계 아로
가 마지로가 지가란제 혜혜하례
마하모지 사다바 사마라 사마
라 하리나야 구로구로 갈마 사
다야 사다야 도로도로 미연제
마하 미연제 다라다라 다린나례
새바라 자라자라 마라 미마리
아마라 몰제 예혜혜 로계 새
바라 라아 미사미 나사야 나베
사미사미 나사야 모하자라 미

사	미		나	사	야			호	로	호	로		마	라	호	로
하	례	바	나	마		나	바		사	라	사	라		시	리	
시	리		소	로	소	로		못	자	못	자		모	다	야	
	모	다	야		매	다	리	야		니	라	간	타		가	
마	사		날	사	남		바	라		하	리	나	야		마	
낙		사	바	하		싯	다	야		사	바	하		마	하	
싯	다	야		사	바	하		싯	다	유	예		새	바	라	
야		사	바	하		니	라	간	타	야		사	바	하		
바	라	하		목	카	싱	하		목	카	야		사	바	하	
	바	나	마		하	따	야		사	바	하		자	가	라	
	욕	다	야		사	바	하		상	카	섭	나	녜		모	
다	나	야		사	바	하		마	하	라		구	라	다	라	
야		사	바	하		바	마	사	간	타		이	사		시	
체	다		가	릿	나		이	나	야		사	바	하		먀	
가	라		잘	마		이	바		사	나	야		사	바	하	
	나	모	라		다	나	다	라		야	야		나	막		
알	야		바	로	기	제		새	바	라	야		사	바	하	
	나	모	라		다	나	다	라		야	야		나	막		
알	야		바	로	기	제		새	바	라	야		사	바	하	
	나	모	라		다	나	다	라		야	야		나	막		
알	야		바	로	기	제		새	바	라	야		사	바	하	

사경일자 :　　　년　　월　　일

신묘장구대다라니

나	모	라		다	니	다	라		야	야		나	막	알	약
바	로	기	제		새	바	라	야		모	지		사	다	바
야		마	하		사	다	바	야		마	하	가	로		니
가	야		옴		살	바		바	예	수		다	라	니	
가	라	야		다	사	명		나	막	가	리		다	바	
이	맘		알	야		바	로	기	제		새	바	라	다	바
니	라	간	타		나	막		하	리	나	야		마	발	다
이	사	미		살	발	타		사	다	남		수	반		아
예	염		살	바		보	다	남		바	바	마	라		미
수	다	감		다	냐	타		옴		아	로	계		아	로
가		마	지	로	가		지	가	란	제		혜	혜	하	례
	마	하	모	지		사	다	바		사	마	라		사	마
라		하	리	나	야		구	로	구	로		갈	마		사
다	야		사	다	야		도	로	도	로		미	연	제	
마	하		미	연	제		다	라	다	라		다	린	나	례
	새	바	라		자	라	자	라		마	라		미	마	리
	아	마	라		몰	제		예	혜	혜		로	계		새
바	라		라	아		미	사	미		나	사	야		나	베
	사	미	사	미		나	사	야		모	하	자	라		미

사 미 　 나 사 야 　 　 호 로 호 로 　 　 마 라 호 로
하 례 바 나 마 　 나 바 　 　 사 라 사 라 　 시 리
시 리 　 소 로 소 로 　 　 못 자 못 자 　 　 모 다 야
　 모 다 야 　 매 다 리 야 　 　 니 라 간 타 　 가
마 사 　 날 사 남 　 바 라 　 　 하 리 나 야 　 마
낙 　 사 바 하 　 싯 다 야 　 　 사 바 하 　 마 하
싯 다 야 　 사 바 하 　 싯 다 유 예 　 새 바 라
야 　 사 바 하 　 니 라 간 타 야 　 사 바 하 　
바 라 하 　 목 카 싱 하 　 목 카 야 　 사 바 하
　 바 나 마 　 하 따 야 　 사 바 하 　 자 가 라
　 욕 다 야 　 사 바 하 　 상 카 섭 나 네
　 　 　 　 　 　 　 　 　 　 　 　 　 　 모
다 나 야 　 사 바 하 　 마 하 라 　 구 타 다 라
야 　 사 바 하 　 바 마 사 간 타 　 이 사 　 시
체 다 　 가 릿 나 　 이 나 야 　 사 바 하 　 먀
가 라 　 잘 마 　 이 바 　 사 나 야 　 사 바 하
　 나 모 라 　 다 나 다 라 　 야 야 　 나 막
알 야 　 바 로 기 제 　 새 바 라 야 　 사 바 하
　 나 모 라 　 다 나 다 라 　 야 야 　 나 막
알 야 　 바 로 기 제 　 새 바 라 야 　 사 바 하
　 나 모 라 　 다 나 다 라 　 야 야 　 나 막
알 야 　 바 로 기 제 　 새 바 라 야 　 사 바 하

사경일자 :　　　년　월　일

신 묘 장 구 대 다 라 니

나	모	라	.	다	니	다	라		야	야		나	막	알	약
바	로	기	제		새	바	라	야		모	지		사	다	바
야		마	하		사	다	바	야		마	하	가	로		니
가	야		옴		살	바		바	예	수		다	라	니	
가	라	야		다	사	명		나	막	가	리		다	바	
이	맘		알	야		바	로	기	제		새	바	라	다	바
니	라	간	타		나	막		하	리	나	야		마	발	다
이	사	미		살	발	타		사	다	남		수	반		아
예	염		살	바		보	다	남		바	바	마	라		미
수	다	감		다	냐	타		옴		아	로	계		아	로
가		마	지	로	가		지	가	란	제		혜	혜	하	례
	마	하	모	지		사	다	바		사	마	라		사	마
라		하	리	나	야		구	로	구	로		갈	마		사
다	야		사	다	야		도	로	도	로		미	연	제	
마	하		미	연	제		다	라	다	라		다	린	나	례
	새	바	라		자	라	자	라		마	라		미	마	라
	아	마	라		몰	제		예	혜	혜		로	계		새
바	라		라	아		미	사	미		나	사	야		나	베
	사	미	사	미		나	사	야		모	하	자	라		미

사 미　　나 사 야　　　호 로 호 로　　　마 라 호 로
하 례 바 나 마　　　나 바　　사 라 사 라　　　시 리
시 리　　소 로 소 로　　　못 자 못 자　　　모 다 야
　　모 다 야　　　매 다 리 야　　　니 라 간 타　　가
마 사　　날 사 남　　바 라　　　하 리 나 야　　　마
낙　　사 바 하　　싯 다 야　　　사 바 하　　　마 하
싯 다 야　　　사 바 하　　싯 다 유 예　　새 바 라
야　　사 바 하　　니 라 간 타 야　　사 바 하
바 라 하　　목 카 싱 하　　목 카 야　　사 바 하
　　바 나 마　　하 따 야　　　사 바 하　　자 가 라
　　욕 다 야　　사 바 하　　상 카 섭 나 녜　　　모
다 나 야　　사 바 하　　마 하 라　　구 타 다 라
야　　사 바 하　　바 마 사 간 타　　이 사 시
체 다　　가 릿 나　　이 나 야　　사 바 하　　먀
가 라　　잘 마　　이 바　　사 나 야　　사 바 하
　나 모 라　　다 나 다 라　　　　야 야　　나 막
알 야　　바 로 기 제　　새 바 라 야　　사 바 하
　나 모 라　　다 나 다 라　　　　야 야　　나 막
알 야　　바 로 기 제　　새 바 라 야　　사 바 하
　나 모 라　　다 나 다 라　　　　야 야　　나 막
알 야　　바 로 기 제　　새 바 라 야　　사 바 하

사경일자 :　　년　월　일

신 묘 장 구 대 다 라 니

나	모	라		다	나	다	라		야	야		나	막	알	약
바	로	기	제		새	바	라	야		모	지		사	다	바
야		마	하		사	다	바	야		마	하	가	로		니
가	야		옴		살	바		바	예	수		다	라	니	
가	라	야		다	사	명		나	막	가	리		다	바	
이	맘		알	야		바	로	기	제		새	바	라	다	바
니	라	간	타		나	막		하	리	나	야		마	발	다
이	사	미		살	발	타		사	다	남		수	반		아
예	염		살	바		보	다	남		바	바	마	라		미
수	다	감		다	냐	타		옴		아	로	계		아	로
가		마	지	로	가		지	가	란	제		혜	혜	하	례
	마	하	모	지		사	다	바		사	마	라		사	마
라		하	리	나	야		구	로	구	로		갈	마		사
다	야		사	다	야		도	로	도	로		미	연	제	
마	하		미	연	제		다	라	다	라		다	린	나	례
	새	바	라		자	라	자	라		마	라		미	마	라
	아	마	라		몰	제		예	혜	혜		로	계		새
바	라		라	아		미	사	미		나	사	야		나	베
	사	미	사	미		나	사	야		모	하	자	라		미

사	미		나	사	야		호	로	호	로		마	라	호	로
하	례	바	나	마		나	바		사	라	사	라		시	리
시	리		소	로	소	로		못	자	못	자		모	다	야
	모	다	야		매	다	리	야		니	라	간	타		가
마	사		날	사	남		바	라		하	리	나	야		마
낙		사	바	하		싯	다	야		사	바	하		마	하
싯	다	야		사	바	하		싯	다	유	예		새	바	라
야		사	바	하		니	라	간	타	야		사	바	하	
바	라	하		목	카	싱	하		목	카	야		사	바	하
	바	나	마		하	따	야		사	바	하		자	가	라
	욕	다	야		사	바	하		상	카	섭	나	네		모
다	나	야		사	바	하		마	하	라		구	타	다	라
야		사	바	하		바	마	사	간	타		이	사		시
체	다		가	릿	나		이	나	야		사	바	하		먀
가	라		잘	마		이	바		사	나	야		사	바	하
	나	모	라		다	나	다	라		야	야		나	막	
알	야		바	로	기	제		새	바	라	야		사	바	하
	나	모	라		다	나	다	라		야	야		나	막	
알	야		바	로	기	제		새	바	라	야		사	바	하
	나	모	라		다	나	다	라		야	야		나	막	
알	야		바	로	기	제		새	바	라	야		사	바	하

사경일자 :   년   월   일

사경, 참회와 발원 삼매에 드는 수행
신묘장구대다라니

초판 인쇄 : 2005년 6월 1일
2판 10쇄 발행 : 2020년 6월 15일

펴낸 곳 : 도서출판 담앤북스
서울시 종로구 새문안로 3길 23(내수동) 경희궁의 아침 4단지 805호
TEL • 02)765-1251 FAX • 02)764-1251
E-mail • damnbooks@hanmail.net
ISBN : 978-89-966855-2-4 03220
값 7,000원